CORRESPONDANCE

ENTRE

DEUX ÉLECTEURS.

OCTOBRE 1820.

PARIS,

LIBRAIRIE UNIVERSELLE DE MONGIE AINÉ,

BOULEVARD POISSONNIÈRE, N° 18.

CORRESPONDANCE

ENTRE

DEUX ÉLECTEURS

Oui, mon ami, je veux, ainsi que vous, pour deputés, des hommes sages, parce que, j'en suis bien sûr, vous ne prenez pas comme tant de gens la faiblesse pour de la sagesse, la complaisance servile pour de la modération. En un mot, à vos yeux un homme sage sera toujours celui qui sait allier la prudence à la fermeté : aussi bien, remarquez-le, cette sagesse, qui inspire dans de certains cas la réserve, prescrit souvent à ceux qu'elle anime les résolutions les plus promptes, les démarches les plus énergiques. Eh! oui sans doute, si l'hésitation devenait leur partage, alors que le doute et l'incertitude conduisent aux plus grands maux, par cela seul la sagesse ne cesserait-elle pas de les diriger?

Savez-vous ce qui de nos jours a tant décrié l'épithète d'homme sage C'est que ceux qui se montrèrent nuls, pusillanimes, ou dociles à l'excès, nous furent trop souvent offerts comme étant les sages par *excellence*.

Après donc nous être bien entendus, je l'espère, sur l'acception d'un mot dont le vrai sens fut si fréquemment altéré, je vous dirai volontiers, avec la franchise qu'autorise l'amitié, et que commande surtout une conviction intime, dégagée de tout intérêt personnel, je vous dirai quelles sont les premières garanties qui me paraissent le plus désirables dans les députés que notre collége de département est appelé à nommer. Ce sera encore avec une égale sincérité que je m'efforcerai d'indiquer les principaux objets qui devront appeler leur attention.

Pour bien remplir un mandat qui impose les plus grandes obligations, les lumières, un caractère droit, de l'honnêteté, un esprit juste, l'amour sincère du pays enfin, sont autant de qualités précieuses, mais qui toutes cependant seraient, à mon avis insuffisantes, nulles mêmes, si la position indépendante de celui qui les possède n'assurait en quelque sorte l'emploi de ces dons heureux. L'indépendance chez un député résulte tout à la fois de sa position sociale, de ses opinions et de son caractère. Ainsi, par exemple, que celui que nous choisirons ait une fortune suffisante pour pouvoir braver, dans l'intérêt public, un séjour de huit mois à Paris; que, doué d'une ambition toujours noble et désintéressée, il place et circonscrive tout son avenir dans sa carrière législative; que, satisfait d'avoir obtenu le titre le plus honorable, le plus susceptible d'élever l'âme, de l'enivrer même, la pensée de l'échanger pour une fonction quelconque n'aborde jamais son cœur. Si, par son caractère, il est également à l'abri dés séductions du pouvoir, il réunira alors ce qui constitue l'indépendance : je dis s'il est également à l'abri des séductions du pouvoir, car, dans nos mœurs, tel homme repousse avec horreur la corruption, dédaigne une place, et se montre sensible à une préférence qui s'adresse à son amour-propre. C'est à l'aide quelquefois de ces cajoleries perfides, de ces distinctions calculées, qui viennent chercher le député modeste dans le coin d'un salon ministériel, qu'on arrange une majorité.

Par là, vous le voyez déjà, je considère comme incompatible aux yeux des membres d'un collége électoral le titre de fonctionnaire salarié avec celui de député. Le moyen en effet, mon ami, qu'on vote librement lorsque, continuellement placé sous l'influence immédiate du ministère, on est si souvent dans cette cruelle alternative de ne pouvoir conserver sa place qu'aux dépens de sa conscience. Sans cesser d'accorder beaucoup d'estime aux fonctionnaires salariés, on peut donc vouloir ne pas les mettre à une épreuve si difficile, si périlleuse et en quelque sorte surhumaine; car, en toutes choses, il faut n'exiger que ce qui est possible et naturel. C'est même par suite de sentimens très-bienveillans envers ces fonctionnaires que je serais désolé de produire, par mon vote pour l'un d'eux, une situation qui ne se composerait que de perplexités. Je veux, pour tout dire, les sauver d'un honneur qui pourrait leur coûter une place. Vous le savez, si plusieurs députés, revêtus en même-temps de fonctions publiques, ont cru, durant la dernière session, que ce double honneur leur imposait doublement aussi le devoir de faire entendre des vérités utiles; vous le savez, dis-je, le ministère, en les révoquant depuis, a suffisamment montré l'écueil qui existe désormais dans la réunion du titre de fonctionnaire à celui de député, pour tout homme qui prétendrait avoir d'autre guide qu'une déférence de tous les instans aux volontés ministérielles. Mais ces mesures n'auront-elles pas complété sur ce point l'instruction des colléges électoraux, et rendu enfin pour eux sensible cette vérité : que tout député fonctionnaire salarié, qui conserve sa place, est nécessairement l'homme des ministres, ce qui ne veut pas précisément dire celui de la nation.

C'est à la présence du grand nombre de fonctionnaires de toute espèce dans la Chambre qu'il faut attribuer en partie cette facilité, vraiment pleine de grâce et de prestesse, avec laquelle on compose le budget de sommes si rondes. J'en conviens pourtant, à l'ouverture de la discussion générale, MM. les députés salariés ne sont pas toujours les derniers à proclamer le besoin des économies, l'énormité des impôts; mais on n'a pas plutôt abordé chacun des chapitres qui embrassent celles des dépenses qui les touchent, que le doute s'empare de leur esprit; bientôt même vous les voyez, cédant à une évidence contraire, reconnaître avec M. *le commissaire du Roi*, chargé de préserver le budget de toute atteinte, que la plus légère diminution compromettrait le service, pourrait causer les plus gránds maux : il ne faut pas d'ailleurs, assurent-ils, accroître pour l'administration, des obstacles déjà si mul- tipliés.... Le ministre, vous l'avez entendu, Mes- sieurs, nous promet des économies ; cette assu- rance ne doit-elle pas nous suffire, quand surtout, l'année est si avancée! .. Oui, mon ami, rien n'est plus simple ; un tel résultat est naturel, inévitable même, avec de semblables élémens ; s'en étonner serait folie. Après tout, le député fonctionnaire est excusable. La nature, qui est avare de prodiges, n'imprime que bien rarement aux caractères et aux âmes cette énergie, cette probité, ce patriotisme, cette abnégation de tout intérêt personnel qui ont placé si haut dans l'o- pinion publique les noms de Camille Jordan, de Royer-Collard, de Girardin, et de quelques autres encore. Cessons donc de murmurer contre les vo- tes de tel ou tel député, et reconnaissons enfin qu'en les choisissant nous les avons préparés. N'ou- blions pas que la faculté qu'a le Gouvernement de faire de tout député un fonctionnaire, est déjà un assez grand avantage, sans que nous prenions encore à tâche de le doubler en lui évitant même jusqu'à la peine de les nommer.

Vous attachez, je le sais, un très-grand prix à la diminution des charges publiques ; vous ne

voulez d'impôts que ceux nécessaires pour cou-
vrir les dépenses qui portent avec elles un véritable caractère d'utilité : je reconnais donc avec
vous que le devoir le plus pressant, le plus sa-
cré des députés que nous allons élire , sera de
forcer le Gouvernement à réaliser des économies
toujours annoncées , mais aussi toujours éludées
depuis quatre ans. Il serait absurde, pour ne point
dire cruel , de prétendre maintenir plus long-
temps dans un état qui a perdu un tiers de son
territoire et bien au-delà de sa richesse , un système administratif et une organisation déjà gi-
gantesques à l'époque où ils furent développés ;
organisation dont les bases d'ailleurs ne sont
nullement en harmonie avec les principes et les
conséquences d'un gouvernement représentatif.

Cependant, si de notables changemens apportés
dans le système actuel d'administration peuvent
devenir un puissant moyen de soulagement pour
les contribuables , il ne faut pas oublier que ce
sera la *spécialité*, introduite dans le vote des dépenses , qui nous mettra à l'abri des prodigalités
ministérielles , tout en nous garantissant le maintien des allocations qui intéressent la sûreté, l'honneur ou la prospérité de l'Etat. En effet jusqu'ici
l'absence de *spécialité* à l'égard de chacune des di-
visions du budget a été un véritable obstacle même

pour ceux qui ont poursuivi des économies avec le plus de persévérance. Je m'explique: on discute, je suppose, le chapitre qui comprend les dépenses du culte. Un député économe, mais ami de la religion, qui souvent a reconnu la nécessité de ne point diminuer, la convenance peut-être d'accroître le traitement des succursalites (ne fût-ce que pour éviter l'abus de faire voter annuellement par chaque commune un misérable traitement supplémentaire à ce même ecclésiastique), mais qui aussi aperçoit une grosse somme destinée à certain prélat en possession de recevoir à plus d'une caisse, voudrait pouvoir, tout en conservant le *nécessaire* au prêtre qui dessert péniblement la paroisse du modeste village, ne point dépasser avec *monseigneur* les bornes du *superflu;* il aimerait bien encore, notre député loyal, à ne point être le complice de ces encouragemens réservés à ces mêmes missionnaires dont la présence parmi ses concitoyens devait assurer la paix, l'union et la concorde, et ne produisit, il s'en souvient trop, que la haine, les récriminations et le scandale. Cependant il se rappelle ces paroles de ses commettans « Nous attendons de vous le retranchement de toute dépense dont l'utilité ne vous serait pas justifiée.» Mais si une diminution est votée par lui sur ce chapitre, qui lui garantit que , contre son vœu, le succursaliste ne sera pas atteint, les missionnaires et le prélat respectés? On prétend restreindre le budget du ministre de la guerre; car on a remarqué qu'un état-major aussi nombreux est évidemment en disproportion avec l'effectif de l'armée. Ce député, dont la mémoire est heureuse, mais perfide, essaie un rapprochement entre l'époque où nous couvrions l'Europe de nos soldats , et celle où pas un régiment de cavalerie ne compte quatre cents chevaux, pas une légion n'est complète; il veut, avec quelque raison, en conclure qu'on pourrait dès-lors réduire de quelque chose *cette troupe dorée*, si peu en rapport avec notre situation actuelle. ..... mais le moyen de parvenir à ce but! ne faut-il pas voter le chapitre en masse. Si un retranchement est prononcé, l'état-major ne sera point restreint dans des bornes plus convenables, mais l'incorporation des hommes appartenant à la dernière classe appelée sera suspendue. Ainsi le luxe de l'armée restera intact, et la mise en activité de la portion utile, qui en fait la force, restera ajournée.

Ce sont de pareilles appréhensions qui arrêtent les meilleurs esprits, et voilà comment il n'y a point de diminution dans les dépenses, pourquoi les impôts demeurent accablans. C'est à la prochaine session que la question de la *spécialité* sera examinée, discutée à fond et jugée. Vous sentez toute l'importance de son adoption, puisque ce n'est qu'avec elle que s'opéreront de bonnes, d'utiles, de véritables économies. Je dis plus, sans la *spécialité*, un ministre aurait toujours la possibilité de forcer le vote de la chambre; car, faisant frapper le retranchement sur un service reconnu indispensable, il faudrait bien, bon gré, mal gré, venir au secours de ce même service en établissant l'année suivante le crédit demandé par le ministre, sous peine de laisser en souffrance une des branches essentielles d'administration publique.

Notre comptabilité a fait de très-grands progrès; le besoin de vérité, de clarté, de lumières, chaque année est plus prononcé, et il n'est pas une session qui ne démontre de plus en plus l'admirable influence qu'exerce le gouvernement représentatif sur les finances d'une nation. Cependant, si la clarté, l'ordre, la méthode dans les comptes sont de belles et bonnes choses, ne nous laissons pas trop séduire par le prestige des tableaux, la distribution de leurs nombreuses colonnes, et cet alignement symétrique dans les innombrables chiffres de nos budgets; prenons garde que la perfection de la comptabilité ne nous fasse prendre le change et perdre de vue l'*économie, la suppression des dépenses sans utilité réelle,* ce besoin de tous les momens ; car, avec tout cet ordre merveilleux, nous ressemblerions bientôt, j'en ai peur, à ce fils de famille qui, dissipateur par habitude, avait, après d'assez grands désordres, et par suite de très-sérieuses remontrances, cru s'amender beaucoup en s'engageant à mentionner désormais sur ses tablettes ce qu'il en coûte pour satisfaire aux goûts les plus chers, de même que pour se passer la plus petite des fantaisies. Il inscrivait donc, cet honnête jeune homme, depuis le prix du brillant cachemire offert à l'élégante actrice, jusqu'à la valeur du modeste fichu destiné à la simple grisette. Ces mêmes tablettes, miroir fidèle de sa vie, mettaient dans une égale évidence, et la perte de la pièce de cent sous, laissée au jeu le plus bourgeois, et celle du billet de 1000 fr., que la fortune, trompant ses vœux, le força d'abandonner au noble jeu du *creps* dans un noble salon du très-noble faubourg. En un mot, il fut bientôt reconnu par tous ses grands parens assemblés qu'il était difficile de dépenser plus follement avec plus d'ordre.

Je vous approuve entièrement quand vous exprimez le désir que nos députés insistent sur la nécessité de ne plus différer l'organisation des administrations municipales. Il est parfaitement exact de dire que l'autorité d'un maire doit être essentiellement paternelle, et rappeler le plus possible celle exercée par un chef de famille : mais, sagement, vous ne dépassez point le but, et savez reconnaître que si ce n'est que parmi des hommes, préalablement agréés par leurs concitoyens, que le Gouvernement doit prendre un maire, il serait trop rigoureux de lui contester le droit de le choisir. En effet, il semble conforme aux principes que le ministère ne demeure point entièrement étranger à la désignation d'un fonctionnaire qui est au nombre de ses délégués dans un grand nombre de cas.

Au ton de votre lettre, je m'aperçois que votre modération habituelle a presque failli en voyant des conseils d'arrondissement et de département représentant les intérêts des diverses localités d'une contrée, uniquement composés par les soins des préfets (1). Cependant, ces conseils expriment annuellement des vœux sur des matières

---

(1) Je dis uniquement; car depuis que les listes de candidats aux places de membres des conseils généraux et

importantes, qui touchent aux questions les plus graves. Je pense donc comme vous que, si une organisation très-prochaine n'était proposée, il paraîtrait beaucoup plus simple de n'avoir qu'un conseil de préfecture; car, comme les noms ne sont pas tout-à-fait les choses au temps où nous vivons, il est évident pour chacun qu'un choix d'hommes, fait par l'autorité, sans aucun concours préalable des intéressés, ne saurait atteindre le but de l'institution. J'ajouterai que cet état de choses est d'autant plus choquant que les conseils ont recouvré les attributions réelles et étendues qui leur avaient été primitivement conférées à l'époque de leur création; qu'ils assignent annuellement une destination à des fonds considérables, levés sur tous les contribuables du pays, et que d'immenses améliorations peuvent être la conséquence des délibérations d'un conseil gé-

---

d'arrondissement dressées par les colléges électoraux sous le gouvernement impérial sont épuisées, les choix du mi-nistère n'ont plus d'autre guide que son bon vouloir. D'ailleurs, les épurations opérées en 1815, sous l'influence de l'esprit réactionnaire de cette époque, n'avaient point fait entrer dans les conseils les citoyens qui pouvaient encore être inscrits sur la liste de présentation des colléges.

néral, lorsque, par une application juste et sagement combinée des sommes mises à sa disposition, il se proposera de vivifier les différens points
du département sans se laisser aller à des pré-
férences destructives de tout principe d'équité.

Il est à regretter à ce sujet que les ministres
paraissent avoir abandonné un plan d'organisation dont les bases pouvaient satisfaire à tous
les vœux. Ce plan, rédigé il y a près de deux
ans, attribuait aux conseils généraux un nombre
de membres égal à celui des cantons du départe-
tement, toutes les fois cependant que ce nombre
ne passait pas trente-six; car c'était là le *maxi-
mum* des membres dont pouvait être composé
un conseil général. Aussi dans tout département
comptant un plus grand nombre de cantons, le
projet voulait que deux cantons, pris parmi les
moins populeux, fussent réunis pour avoir ensemble un membre, et ainsi de suite. Dans ce système
les colléges électoraux nommaient directement les
membres du conseil général, et chacune de ces
localités se trouvait représentée dans cette espèce
de *chambre départementale,* si je puis ainsi
m'exprimer. Par là aussi, toutes les améliorations
résultant de l'emploi des sommes laissées à la
disposition de ces conseils par les lois de finances,

auraient été naturellement conçues dans un esprit
de justice que ne produira jamais, même avec
des hommes d'ailleurs fort recommandables, un
système qui se borne (c'est celui actuel) à prendre
simplement dans chaque arrondissement un
nombre de membres déterminé. Par le même
projet il était pourvu à l'organisation des conseils d'arrondissement d'après des principes ana-
logues; seulement leurs membres, au lieu d'être
choisis par le collége électoral, composé des citoyens payant 300 fr., étaient élus par des électeurs que créait le même projet de loi; il réglait
encore, j'oubliais de vous le dire, ce qui est re-
latif à la nomination des membres des conseils
municipaux et le mode de présentation des candidats à la place de maire. La réduction de ce
plan, fruit de longues recherches, résultat des
méditations et des combinaisons d'un des membres les plus distingués du conseil d'état, se com-
posait de près de 130 articles, qui, tous bien liés
et coordonnés entr'eux, embrassaient l'ensemble
de l'organisation des administrations municipales et départementales. Vous me direz que ce
projet se rattache à une époque déjà bien loin
de nous, à celle où le ministère montrait l'inten-
tion d'entrer franchement dans les voies constitutionnelles, et vous devinez facilement que ce
projet n'est point du tout celui que le gouverne-

ment nous annonçait naguère tenir en réserve
pour la session prochaine.

Vous n'êtes point le seul à marquer de la sur-
prise en pensant que, lorsqu'il fut question de
confier des armes aux citoyens pour le maintien
de l'ordre, du repos et de la paix publique dans
une commune, ceux-là précisément dont les intérêts réclamaient le plus la conservation de cet
ordre, de ce repos et de cette paix publique
n'aient pas toujours été armés. Que cette erreur,
qui appartient à l'histoire des factions, ait été
commise au milieu des nombreuses aberrations
de 1815, l'époque explique, jusqu'à un certain
point, si elle ne justifie pas ce renversement d'i
dées: mais comment, depuis, une organisation
générale de la garde nationale n'a-t-elle pas encore effacé ce triste monument, élevé au milieu et
pour ainsi dire sous les auspices des étrangers qui
pesaient encore sur le sol de la France? comment
une force civique, principalement instituée pour
assurer le respect dû à la propriété, peut-elle
exister, quand elle admet dans ses rangs le prolé-
taire de préférence à l'homme qui possède? Que
nos députés réclament donc la loi qui détermi-
nera l'organisation de la force civique. Je n'ai jamais bien compris, je vous l'avoue, pourquoi le
ministère s'effarouchait de l'idée de remettre aux

citoyens le choix des officiers de la garde nationale, lorsque surtout ces mêmes officiers n'agis-
sent jamais qu'en vertu d'un ordre émané de
l'autorité municipale, nommée par le gouvernement; je dis plus, c'est que toute crainte, toute
défiance en pareil cas, est non-seulement vaine,
mais impolitique et dangereuse.

Oh! j'entends à merveille comment le sort,
l'aveugle sort, si vous étiez impliqué dans de cer-
taines affaires, où les plus honnêtes gens de nos
jours se sont trouvés engagés, vous paraîtrait
cent fois plus rassurant dans ses arrêts que la
main de l'autorité préfectorale, vous composant
bien soigneusement une liste de soixante juges,
parmi lesquels vous-même pourriez cependant
exercer les récusations déterminées par la loi.
Vous auriez raison, parce que le jury, qu'on
pourrait appeler le plus noble apanage du gouvernement représentatif, n'est encore, dans l'état
actuel de notre législation, qu'une institution
viciée, incomplète, si je puis dire. Mais, sous-
traite à l'arbitraire, dégagée de cette influence
qui la dénature, ramenée enfin à sa noble ori-
gine, elle redeviendra ce qu'elle est essentiellement, c'est-à-dire également protectrice des
droits individuels et de ceux de la société tout
entière. Substituez pour la formation des listes

l'urne impartiale aux désignations si souvent in-
téressées de l'autorité, et vous acquerrez alors
toutes les garanties d'équité qu'il est donné aux
institutions humaines de pouvoir réaliser,

Sous le gouvernement impérial, où les résultats attachés à une représentation nationale furent si fréquemment éludés, le rôle des membres
du corps législatif était par conséquent sans importance, presque nul. A cette époque, par le
fait, tous les pouvoirs étaient exercés par le
chef de l'état. Cette situation des choses nous
explique assez comment les citoyens, ne pou-
vant espérer des défenseurs des libertés publiques dans chacun de leurs députés, se plurent
du moins à y trouver quelquefois des hommes
empressés de soigner leurs intérêts privés; aussi
quelques grâces particulières, des lettres d'ad-
misison pour leurs enfans, soit à Saint-Cyr, soit
dans un lycée; des démarches dans les bureaux
en faveur d'un candidat à une perception, voire
même à un entrepôt particulier de tabac; voilà
à peu près ce que les électeurs d'un département
réclamaient du zèle, attendaient du crédit de
leurs mandataires. Pour ne rien omettre, ajou-
tons la demande d'un billet pour entendre
l'*opéra seria* aux Tuileries ou à Saint-Cloud;
celle d'une place dans l'une de ces cérémonies

nobles , brillantes et pompeuses, qui, je l'avoue, pouvaient cependant plaire à des Français, puisque les triomphes de la patrie , le succès de nos armes semblaient plus ou moins s'y rattacher.... C'était bien là, si je ne m'abuse, les seuls profits que les colléges électoraux pussent retirer d'une institution , qui, en cessant d'être protectrice des droits et des libertés de la nation , devint moyen et instrument passifs dans les mains du chef du gouvernement.

La Charte nous a placés sur un meilleur terrain ; nos députés , avant de venir siéger au sein de la représentation nationale , ne sont plus obligés de faire au préalable un stage dans les antichambres d'un sénat. Aussi serait-ce s e méprendre cruellement que de prétendre exiger d'eux cette foule de services individuels qui ne sauraient être que le prix ou l'échange d'une perpétuelle complaisance de leur part pour le ministère. Ces places dans les colléges royaux (1), cette multitude d'emplois secon-

-----

(1) Le dernier président du conseil distribuait personnellement les places gratuites dans les établissemens d'instruction publique. C'était là une portion précieuse de son domaine privé. Il inscrivait au crayon, sur un car-

daires de tout genre dans les diverses administrations financières, depuis le poste de commis
ambulant des droits réunis jusqu'à la place du
sédentaire receveur de l'enregistrement; en un
mot, tout ce qu'on pourrait appeler la petite
monnaie des *sinécures*, se paie, songeons-y bien,
en boules blanches par le député dont le crédit

---

net *ad hoc*, les bienheureux en faveur desquels nos députés obtenaient la bourse ou la fraction de bourse C'était
à l'issue du dîner que s'épanchaient d'ordinaire les faveurs
scolastiques du ministre. Elles coulaient abondamment,
surtout dans ces momens favorables où l'on est si disposé à
tout accorder à ceux qui ne refusent rien. Le zèle de son excellence pour répandre l'instruction était tel qu'en février,
époque encore bien peu avancée de la session, les feuillets
se trouvaient presque tous remplis. M. Siméon est devenu,
dit-on, l'heureux possesseur des tablettes qui renferment
le gage *du savoir gratis*; mais le prudent ministre ne tarda
pas à s'apercevoir que par le peu de blanc qu'elles offraient,
et surtout à cause de leur forme exiguë, elles ne pouvaient
décemment convenir à un ministère qui entrait en cam-
pagne avec deux projets de lois d'exception, une proposi-
tion de changement à la loi du 5 février, sans compter la
demande d'autoriser le paiement des légitimes créances
de ces bons Algériens; et comme toutes choses doivent
aller en se perfectionnant, son excellence s'est hâtée,
m'assure-t-on, d'adopter pour son carnet le format in-8°.

fut si fécond. Au grand jour du vote du budget, on fait une balance, passez-moi le mot. Un solde de compte général s'établit entre tous les membres du centre et tous les ministères. Ces trois quarts d'une bourse obtenus en faveur du marmot, dont les parens, ru·nés par la révolution, passent tous les hivers à Paris ; ce brevet de régisseur d'un haras, expédié au profit de ce vieil officier de marine; cette jolie buraliste de dix-sept ans, dont la famille éprouva des malheurs, désormais si bien casée dans ce chef-lieu d'arrondissement; cette inspection des poids et mesures, si heureusement confiée à cet ém·gré qui déclame sans cesse contre le système métrique; cette perception acquise à ce titulaire qui ne résidera jamais, apparemment parce que l'mpôt est *quérable ;* enfin, la nomination de ce juge de paix, qui a tout lu, excepté son code; tout cela, mon ami, aura coûté quelques millions à la France.

Le blanc n'est plus seulement le symbole de l'innocence, l'emblème de la légitimité parmi nous ; il est aussi le signe bienveillant des députés du centre ; leur main semble fuir la boule noire : voyez durant un long appel nominal leur œil cherchant déjà sa rivale, gage sincère des succès ministériels, source abondante

de tous les biens, de mille douceurs! C'est en
effet par elle et pour elle qu'on est optimiste.
Semblable enfin au sceptre des souverains de la
féerie, elle fait quitter à l'honnête homme qui a
pris pour devise : *Stat in medio virtus,* un troi-
sième étage étroit, obscur, pour un premier vaste,
élégant et commode. C'est encore elle qui, l'af-
franchissant de ces tristes règles économiques qui
imposent à ce député atrabilaire du côté gauche
un si cruel veuvage, lui permet de réunir sous le
même toit sa femme, tous les objets de ses affec-
tions, de vivre en un mot en famille. Le moyen
pour lui que Paris soit jamais boueux, mal pavé,
peu éclairé! cette voiture à la fois si douce et de
si bon goût ne l'assure-t-elle pas de l'exécution
sévère des réglemens, du bon emploi des fonds,
bien mieux que ne le ferait une enquête parle-
mentaire? Un philosophe indien a nommé les gens
heureux *les enfans de la boule blanche* : ah
oui! cette maxime est vraie désormais sur les ri-
ves de la Seine comme aux bords du Gange (1).

---

(1) Il vient de paraître sous le titre de *petit Almanach
législatif*, une critique très-piquante des abus que je
viens d'esquisser en passant. Je vous engage à vous pro-
curer cet écrit; il vous fera rire et penser.

Il est plusieurs cas sans doute où serait bien employé l'appui de nos députés; celui par exemple où une route, un canal, un établissement public quelconque seraient désirés, sollicités par une des localités du département. Demandons-leur toujours de protéger ce qui se rattache à des intérêts collectifs, sans jamais les astreindre à soigner ce qui ne touche que quelques individus. Le bien-être commun sera plus certainement la conséquence de cette marche. Je n'entends point par-là exclure la légitime intervention d'un député près de l'autorité, pour amener le redressement d'un tort ou d'un excès de pouvoir commis envers un citoyen, la société tout entière étant partie dans une telle occasion.

De tout ce qui précède, mon ami, gardez-vous de conclure que j'exige d'un député une opposition systématique ou de tous les instants. Je n'avouerais pas plus le mandataire qui prendrait place dans la Chambre avec la résolution d'être perpétuellement contraire aux propositions ministérielles, que je n'estime celui qui a fait vœu de se montrer en toute occasion l'apologiste servile et le soutien déclaré des différentes mesures du pouvoir exécutif, quelles qu'elles soient. Chez nos voisins, en Angleterre, où le gouvernement représentatif compte une

longue existence, et a jeté de profondes racines,
je sais qu'un système opposé a prévalu. Ainsi,
dans ce pays, il n'est pas loisible d'abandonner
un tel jour le parti avec lequel on vote d'habitude : il faut partager sa bonne ou sa mauvaise
fortune, s'associer à ses succès comme à ses re-
vers. On combat donc avec persévérance et sans
exception les actes des ministres si l'on siége
avec l'opposition, de même que l'on défend sans
cesse et sans réserve les mesures du ministère
si l'on a pris place sur le banc de la Trésorerie.

La marche suivie dans le parlement anglais
est séduisante, je le conçois; car cette déter-
mination de n'écouter que sa conviction et de ne
jamais céder qu'aux inspirations de la conscience
et de la raison ne produit pas toujours une carrière législative très-brillante : on tient d'ailleurs
à éviter jusqu'à la plus faible apparence des pa-
linodies, des rétractations, dans un temps où tout
cela abonde, et où tout cela aussi est si justement
méprisé. Mais une opposition de conviction est
toujours sûre de s'appuyer sur l'opinion publique,
et d'exercer une très-grande influence, tandis
que celle qui ne serait que purement systématique pourrait paraître, dans de certains cas,
ne remplir qu'un rôle obligé; et, je vous le répète, je ne pense point que le temps soit venu

en France de devoir prendre pour résolution
invariable de toujours voter pour comme de
toujours voter contre le ministère. N'allez pas
au reste vous alarmer des conséquences que peut
avoir le principe que j'énonce ; demeurez per-
suadé que l'opposition la plus consciencieuse
n'aura encore que trop à blâmer dans la con-
duite des ministres : non, rien ne présage que le
jour où, par conviction, elle devra voter avec
eux, soit si prochain.

Mais il est une dernière considération, la plus
importante, la plus sérieuse sans contredit de
toutes celles qui se sont successivement offertes
dans le cours de cette lettre : si je l'ai placée la
dernière, c'est que je souhaite qu'elle devienne
en quelque sorte dominante, que son impres-
sion soit plus profonde et plus durable dans
votre esprit. La charte, destinée à rattacher le
passé avec le présent, à enchaîner l'avenir, à
lier, à confondre entr'eux une multitude d'intérêts divers, et quelquefois opposés, la charte
est pour nous le pacte de famille : sécurité,
liberté, confiance, prospérité pour chacun, repos pour tous, voilà ce qu'elle renferme, ce
qu'elle seule peut garantir dans la situation
actuelle des choses ; la source des plus grands
biens est en elle ; tous les périls imaginables
sont hors d'elle.

De cette vérité grave, mais incontestable, naît le besoin impérieux de la maintenir religieusement ; non-seulement d'en respecter les dispositions, mais d'en faire découler toutes les lois organiques, qui elles-mêmes ne sont que ses conséquences, son exécution sincère, et, si je puis m'exprimer ainsi, la mise en jour de ses diverses parties.

Vous n'attendez sûrement pas de moi des déclamations ; elles ne se placeraient point sous ma plume, et d'ailleurs votre excellent esprit les repousserait ; des récriminations vous déplairaient ; mais quelques réflexions franches n'auront point à vos yeux ce caractère. Dire donc que la marche du ministère depuis un an est visiblement rétrograde ; que loin de continuer à s'avancer, dans les voies constitutionnelles, vers un but si utile et si désiré, le complément des institutions qui doivent dériver de la charte, il s'en est au contraire détourné ; qu'il a provoqué le changement d'une loi chère au plus grand nombre des Français ; c'est simplement constater des faits, montrer ce qui est frappant pour tous.

Reconnaître que les ennemis de l'ordre constitutionnel volent avec joie ce premier changement, moins encore pour ce qu'il est en lui-même que parce que dans leurs folles, mais bien coupables espérances ils se plaisent à y découvrir le gage d'autres changemens plus importans : non, mon ami, ce n'est point là calomnier les intentions d'un parti ; c'est uniquement énoncer ce que nous révèlent journellement des joies mal déguisées, des desseins qui déjà même cessent de conserver pour l'exécution cette portion de prudence qui en ferait supposer l'accomplissement comme étant encore éloigné.

Rappeler que les intérêts, de même que la ferme volonté de la masse des Français, sont en opposition avec ces sinistres projets, ce n'est pas non plus émettre une vaine assertion, mais proclamer l'une de ces évidences qui se manifestent de mille manières et sous toutes les formes.

Remarquer aussi que, si, grâce aux combinaisons qu'offre la nouvelle loi sur les élections, la fatalité de nos destinées voulait que les amis de la liberté légale, les défenseurs du pacte constitutionnel se trouvassent en minorité parmi les 172 députés que vont élire les colléges de département, ce résultat pourrait d'une part présenter sous un faux jour l'opinion publique, de l'autre préparer de nouveaux succès à ceux qui aspirent à ressusciter au milieu de nous tout ce que repoussent l'esprit du siècle, trente années de luttes et d'efforts, ce n'est point se livrer à de fausses

suppositions ; c'est indiquer les effets que pour-
raient produire de telles causes.

Présager enfin que, si ces résultats prévalaient,
leur première conséquence serait la perte des
droits les plus sacrés pour la nation, la lésion
d'intérêts chers et nombreux, et immédiatement
après des commotions violentes, des déchiremens
affreux, *la perte de ceux-là mêmes qui conspi-
rent contre l'ordre constitutionnel*, ce n'est
point tenir le langage d'un révolutionnaire, dire les
rêves d'un factieux, mais exprimer les trop justes
craintes d'un ami de son pays, les alarmes d'un
citoyen à qui l'ordre n'est pas moins cher que
la liberté. Dans les temps modernes surtout,
la véritable habileté pour les gouvernans, c'est
1 bonne foi, la droiture. Quatre lois organiques
furent souvent annoncées et promises; sans elles
rien ne serait en harmonie; leur besoin est vivement senti; que le ministère nous les donne:
filles du temps, ouvrage de la réflexion et des
méditations de nos hommes d'état, elles devront paraître du moins exemptes de cette sorte
de défaveur qui s'attache aux improvisations: je
n'irai pourtant point jusqu'à dire que le gouvernement aura beaucoup gagné à différer leur présentation; car le système de ceux qui prétendent
qu'on ne saurait jamais s'acquitter trop tard n'est
pas toujours juste.

A dieu ne plaise que je veuille pour députés des hommes qui chercheraient la réputation dans le scandale, la popularité dans de dangereuses exagérations; mais n'accordons nos voix qu'à des citoyens fermement résolus de défendre la charte, déterminés à en assurer la sincère et ponctuelle exécution. Ceux qui ont éprouvé les effets de l'arbitraire ressentiront plus vivement le prix de ce qui est juste et légal, et tout le malheur des lois d'exception; ceux enfin qui furent atteints par la réaction, ou frappés d'honorables destitutions auront aussi des droits à nos suffrages.

Que nos choix garantissent donc au pays, je le répète, le maintien et l'entier développement des institutions données ou promises à la France , et un juste retranchement dans les dépenses , propre à accroître encore l'attachement des Français à cette charte libérale dont l'exécution rigoureuse doit seule nous régir; car, selon la belle expression d'un noble pair qui sut être ministre intègre , économe et sévère , « C'est à de grandes et sincères » épargnes, c'est à la diminution des impôts que » les peuples s'aperçoivent du soin que le gou- » vernement a pris de leur bonheur. »

Oui, mon ami, je me plais à le redire en nous séparant, ce n'est point une idée nouvelle, un délire de l'imagination que le vœu d'une

grande association d'hommes voulant rester li-
bres, et demandant à ceux qui les gouvernent
protection, respect pour des droits sacrés, éter-
nels, à jamais imprescriptibles.

Adieu. Vous connaissez mes sentimens pour
vous, etc.

IMPRIMERIE DE P. DUPONT,

HÔTEL DES FERMES.